17 Mai 1909

P

Deuxième et Dernière

VENTE VOLONTAIRE

A. DISCLYN et LINN

Ferronnerie

D'ART

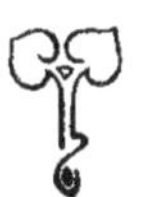

IMPRIMERIE MAULDE & RENOU

MAULDE, DOUMENC & Cie

IMPRIMEURS DE LA COMPAGNIE DES COMMISSAIRES-PRISEURS

Rue de Rivoli, 144 — Paris

CATALOGUE

DE

Ferronnerie

D'ART

POUR

Ameublement, Éclairage

ET

GRANDE DÉCORATION

PROVENANT

De la Maison A. DISCLYN et LINN

FERRONNIERS D'ART A PARIS

Dont la 2me et dernière Vente Volontaire aura lieu

Par suite de fin d'Association et Cessation de Fabrication

Et en vertu d'une autorisation du Tribunal de Commerce de la Seine,
en date du 24 Mars 1909, enregistrée

HOTEL DROUOT, SALLE N° 6

Les Lundi 17 et Mardi 18 Mai 1909

A **DEUX** HEURES **PRÉCISES**

Me Frédéric LECOCQ	M. LE MAIRE DEMOUY
COMMISSAIRE-PRISEUR	EXPERT
41, Rue Richer	Passage du Caire, 64

EXPOSITION PUBLIQUE

Le Dimanche 16 Mai 1909, de 2 heures à 6 heures

PARIS — 1909

CONDITIONS DE LA VENTE

Elle sera faite **expressément au comptant.**

Les Acquéreurs paieront **dix pour cent** en sus des enchères.

Il ne sera admis **aucune réclamation** une fois **l'adjudication prononcée.**

TABLE

Maulde, Doumenc et Cie, imprimeurs de la Cie des Commissaires-Priseurs, rue de Rivoli, 144. 2500—55096

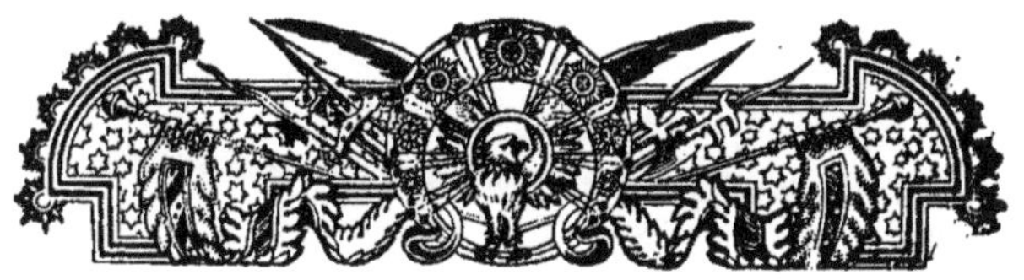

DÉSIGNATION

LUSTRES

1 — Lustre à Chimères bronze, 20 lumières électricité, forme en fleur de lys, **Renaissance**.

Pièce d'exposition.

Par Marioton.

2 — Lustre **gothique** à couronne de 18 lampes électriques, d'après l'original de la cathédrale de Bruges.

3 — Lustre de style **Renaissance** à 18 lumières électriques, frise repoussée, ciselée à jour.

4 — Lustre **Louis XIV**, à 12 bougies électriques, d'après l'original du Musée de Cluny.

5 — Lustre de style **Adams**, couronne de laurier à 17 lampes électriques.

6 — Lustre de style **Renaissance** en forme de fleur de lys, à 8 lumières électriques.

7 — Lustre à couronne de style **gothique** à 7 lampes romaines électriques.

8 — Lustre couronne de style **Renaissance allemande**, à 7 lampes électriques, frise fer repoussé.

9 — Lustre de style **Louis XIV,** à 8 lampes électriques et 12 bougies cire.

10 — Lustre couronne en fer martelé, couronne à 7 lampes électriques, style **Moyen Age**.

11 — Lustre de style **Renaissance allemande**, à rinceaux et 6 lumières électriques.

12 — Lustre à 12 bougies électriques style **gothique anglais**.

13 — Lustre de style **gothique**, 4 lumières électriques.

14 — Lustre à **dauphins**, 5 lumières électriques.
Château d'Anet.

15 — Lustre de style **Louis XIV** à 5 lampes électriques renversées.

16 — Lustre de style **Renaissance** à 5 lampes électriques renversées.

17 — Lustre à **dauphins**, 9 lampes électriques.
Château d'Anet.

18 — Un Lustre à 2 lanterneaux électriques, ou gaz, **gothique**.

19 — Un Lustre à rinceaux de style **gothique** fleuri, à 8 lampes électriques renversées.

20 — Lustre de style **gothique anglais** à 6 lumières électriques ou gaz.

21 — Lustre **gothique** à deux pots-à-feu pour le gaz ou électricité.

22 — Lustre de style **gothique** à 4 lumières électriques, couronne de Bruges.

23 — Lustre à couronne de Bruges, style **gothique**, 4 lumières électriques ou gaz.

24 — Lustre de style **Renaissance italienne**, 6 lampes électriques renversées.

25 — Grand Lustre, branches, fleurs et feuilles de figuier, 30 lumières à la cire, **Modern style**.

26 — Lustre **ferronnerie allemande** à 6 lampes électriques.

27 — Lustre de style **Louis XIII** à 6 lumières droites.

28 — Lustre à guirlandes de roses, **Renaissance**, disposé pour l'électricité.

29 — Lustre, 6 bougies au gaz, pavillon à fleurs de lys, **Renaissance.**

30 — Lustre **Renaissance italienne**, 6 lumières à bougies droites.

31 — Lustre de style **gothique**, 4 lampes renversées au gaz.

32 — Lustre de style **gothique** à 4 lumières droites.

33 — Lustre araignée **Renaissance,** 6 lumières bougies cire.

APPLIQUES A BRAS DE LUMIÈRES

34 — Deux Appliques de style **Renaissance**, à 5 lumières, feuillages et fleurs.

35 — Deux Appliques à **têtes de chiens** et 3 lumières. Château de Pierrefonds.

36 — Une Applique, plaque en forme de cœur, à 3 lumières, **Renaissance**.

37 — Une Applique à tête de chien, 3 lumières droites, **gothique**.

38 — Deux Appliques en forme de potence, **gothique**, à 1 pot-à-feu.

39 — Deux Appliques de style **gothique**, pot-à-feu, à 5 lampes électriques.

40 — Une Applique orchidées, **modern style**.

41 — Deux Appliques de style **Renaissance,** à 2 lampes électriques.

42 — Une Applique de style **Renaissance,** à 2 lampes électriques.

43 — Deux Appliques **à dauphins,** 3 lampes électriques renversées.

Château d'Anet.

44 — Une Applique de style **Louis XV,** 2 lumières droites électriques, fer doré.

45 — Une Applique en forme de pot-à-feu, **gothique**.

46 — Une Applique à double torche électrique, **Renaissance**.

47 — Une Applique de style **gothique** pot-à-feu au gaz.

48 — Deux Appliques à mascaron et 3 bougies droites. **Louis XIV**.

49 — Une Applique, 1 lumière au gaz, **gothique**.

50 — Une Applique de style **Louis XV**.

51 — Une Applique de style **Renaissance italienne,** à 3 lumières.

52 — Une Applique à lanterneau électrique, **gothique.**

53 — Deux Appliques de style **Louis XV**, à 2 lumières, fer doré.

54 — Une Applique de style **Renaissance**, à volutes et feuillages à tortillons à gaz.

55 — Une Applique à plaque ovale et 2 lumières électriques, **Renaissance**.

56 — Une Applique **gothique**.

57 — Une Applique de style **gothique**, 1 lumière électrique.

58 — Cinq Appliques **diverses**.

59 — Une Applique **gothique**, à la bougie.

60 — Deux Appliques à fleur de lys et 2 lumières droites, **Renaissance**.

61 — Deux Appliques de style **Renaissance italienne**, à 3 lumières.

62 — Une Applique de style **Renaissance**, à 3 lumières.

63 — Deux Appliques de style **gothique**, gaz ou électricité (en cuivre).

64 — Deux Appliques, **1 lumière**, gaz ou électricité.

65 — Deux Appliques à têtes de chiens et 3 lumières, **gothique**.

66 — Deux Appliques à 2 lumières et double genouillère, **gothique**.

67 — Deux Appliques à **1 lumière**.

Château d'Anet.

68 — Deux Appliques à mascaron de style **Louis XIV**, à 3 lumières.

69 — Une Applique à mascaron de style **Louis XIV**, à 3 lumières.

70 — Une Applique, 1 lumière électrique, d'après l'**original** du château de Pierrefonds.

71 — Deux Appliques, porte-torche électrique, **gothique**.

72 — Deux Appliques de style **Renaissance**, à 3 lumières, gaz ou électricité, droites.

73 — Deux Appliques pot-à-feu électrique, **gothique**.

74 — Deux Appliques de style **rocaille**, à 1 bougie, 1 lumière.

75 — Une Applique de style **rocaille**, à 1 bougie ; fer doré, 1 lumière.

76 — Une Applique en forme de cœur, **Renaissance**.

77 — Deux Appliques de style **gothique**, à 1 lumière électrique, d'après l'original du château de Pierrefonds.

78 — Deux Appliques, porte-torche, 1 lampe électrique, **gothique**.

79 — Deux Appliques de style **Renaissance**, à 2 lampes renversées.

80 — Deux Appliques de style **Renaissance**, à 2 lumières, gaz ou électricité.

81 — Une Applique de styte **Renaissance**, à 2 lumières, (cire).

82 — Deux Appliques à chardons, 2 lampes électriques, **gothique**.

83 — Deux Appliques de style **Renaissance**, à 3 lumières renversées.

84 — Deux Appliques de style **Renaissance**, à 4 lumières électriques et 4 cires.

85 — Deux Appliques de style **Renaissance**, à 3 lumières électriques.

86 — Deux Appliques à bouquet de 5 lumières électriques, avec **parties** en fer doré.

Château d'Anet.

87 — Deux Appliques de style **Renaissance**, à 5 lumières, électricité ou gaz.

88 — Une Applique de style **gothique**, à genouillère.

89 — Une Applique à branches tournantes, **Renaissance**.

90 — Une Applique **Renaissance allemande**.

91 — Deux Appliques, porte-lampe à rosace, **Renaissance**, gaz.

SUSPENSIONS, APPAREILS DE BILLARD

92 — Suspension à rinceaux, de style **Louis XIV**, à 16 bougies cire.

Lampe centrale au gaz.

93 — Grande Suspension de style **Renaissance**, à dauphins, une lampe pétrole et 24 bougies.

94 — Suspension carrée, de style **gothique**, à vitrail, 8 bougies et lampe au gaz.

95 — Suspension à rinceaux, à lampe pétrole et 20 bougies, **Louis XIV**.

96 — Suspension couronne, de style **gothique**, à 8 bougies et lampe au pétrole.

97 — Suspension carrée, **vitrail**, à 8 bougies et lampe au pétrole.

98 — Suspension à couronne, de style **Renaissance**, à 8 lumières électriques, double verrière.

99 — Suspension à **têtes de chiens**, 8 bougies et lampe pétrole.

100 — Suspension à couronne, de style **gothique**, 4 bougies et lampe au pétrole.

101 — Suspension à trois becs renversés, au gaz, **Renaissance.**

102 — Suspension, balustres à jours, 5 lumières électriques, abat-jour soie **Renaissance.**

103 — Suspension, balustres à jours, 5 lumières électriques, abat-jour en soie, **Renaissance.**

104 — Suspension, balustres à jours, 5 lumières électriques, abat-jour en soie, **Renaissance.**

105 — Appareil de billard, gaz ou électricité, renversé, **gothique.**

106 — Appareil de billard, de style **Henri II,** à 2 lumières électriques renversées.

PLAFONNIERS

107 — Plafonnier à 5 lampes électriques, **Renaissance.**

108 — Plafonnier à 5 lampes électriques, en cuivre, **Renaissance.**

109 — Plafonnier à 9 lampes électriques, **Renaissance.**

110 — Plafonnier à 9 lampes électriques, **Renaissance.**

111 — Plafonnier à 5 lampes électriques, **Renaissance.**

112 — Plafonnier à 5 lampes électriques, **Renaissance.**

113 — Plafonnier à 5 lampes électriques, **Renaissance.**

114 — Plafonnier à 5 lampes électriques, **Renaissance.**

115 — Plafonnier de style **Renaissance.**

116 — Plafonnier, **Renaissance.**

117 — Plafonnier à fleur de lys, **Henri II.**

118 — Plafonnier à fleur de lys, **Henri II.**

119 — Plafonnier en fer entièrement doré, à 5 lampes électriques, Bouquet de Fleurs, **modern style.**

120 — Plafonnier de style **gothique.**

121 — Plafonnier de style **gothique,** 1 lumière électrique.

122 — Plafonnier à rinceaux et fleurs de lys, **Renaissance.**

123 — Plafonnier, lampe forme œuf, **Renaissance.**

124 — Plafonnier, lampe forme œuf, **Renaissance.**

125 — Plafonnier de style **gothique.**

126 — Plafonnier de style **Renaissance.**

127 — Plafonnier de style **Renaissance.**

128 — Plafonnier Iris, **modern style.**

129 — Plafonnier de style **Renaissance.**

130 — Plafonnier de style **Renaissance.**

LANTERNES

131 — Lanterne de style **Louis XIII,** d'après l'original du Palais ducal de Dijon, n° 1, glace biseautée, 7 lampes électriques.

132 — Lanterne de style **Louis XV,** à rocaille.

133 — Lanterne à Têtes de Chiens, **gothique.**

134 — Grande Lanterne de style **gothique, à** toit et à fleurons, reproduction de l'original du Musée de Cluny.

135 — Grande Lanterne de style **Louis XVI,** avec parties bronze doré, glace biseautée.

136 — Grande Lanterne de style **gothique allemand.**

137 — Grande Lanterne de style **Louis XIV,** à vitraux.

138 — Lanterne d'après l'**original** du Château de Blois, vitraux chimères.

139 — Grande Lanterne de style **Renaissance**, vitraux.

140 — Lanterne de style **gothique**, reproduction de l'original du Musée de Cluny.

141 — Lanterne de style **Louis XIV**, genre Versailles, toute en monture martelée.

142 — Lanterne de style **Renaissance**, à six Dauphins, Château d'Anet.

143 — Lanterne à torture avec lucarnes, **gothique**, et clochetons.

144 — Lanterne à Têtes de Coqs, **gothique**.

145 — Lanterne ronde de style **gothique**, à fleurs de lys.

146 — Lanterne de style **Renaissance**.

147 — Lanterne **à couronne** fleuronnée.

148 — Lanterne **Renaissance**, disposée pour le gaz.

149 — Lanterne à **chaîne** et **verrine**.

150 — Lanterne à boule, **Louis XIV**.

151 — Lanterne de style **gothique**, à petits carreaux.

152 — Lanterne carrée de style **Renaissance**.

153 — Lanterne à Têtes de Coqs, **gothique**.

154 — Lanterne à Têtes de Chiens, **gothique**.

155 — Lanterne à Têtes de Chiens, **gothique.**

156 — Lanterne à Têtes de Chiens, **gothique.**

157 — Grande Lanterne à six pans, **Renaissance.**

158 — Lanterne de style **gothique,** à chaîne et couronne.

159 — Lanterne de style **gothique,** à chaîne et couronne.

160 — Lanterne carrée de style **gothique,** à vitraux.

161 — Lanterne ronde de style **gothique.**

162 — Lanterne ronde de style **gothique.**

163 — Lanterne ronde de style **gothique.**

164 — Lanterne ronde de style **gothique.**

165 — Lanterne pot-à-feu à chaînes, **gothique.**

166 — Lanterne carrée à vitraux, **Renaissance.**

167 — Lanterne à six pans, **Renaissance.**

168 — Lanterne à six pans, **Renaissance.**

169 — Lanterne à bougie, **Renaissance.**

170 — Lanterne à bougie, **Renaissance.**

171 — Lanterne à bougie, **Renaissance.**

172 — Lanterne **Renaissance.**

173 — Lanterne **Renaissance.**

174 — Lanterne **Renaissance.**

175 — Lanterne **Renaissance.**

176 — Lanterne **Renaissance.**

177 — Lanterne **Renaissance.**

178 — Potence à équerre, **gothique.**

179 — Potence en équerre, fer plat, à feuilles, **Renaissance.**

POTENCES

180 — Grande Potence de style **gothique** à fleurons et fleurs de lys.

181 — Grande Potence de style **gothique** à fleuron et fleurs de lys.

182 — Potence de style **gothique** à fleurons.

183 — Potence de style **Renaissance allemande.**

184 — Potence à **fleurs de lys** préparée pour le gaz ou électricité.

185 — Potence à tête de chien, **gothique.**

186 — Potence à équerre de style **gothique.**

~~187 — Potence ferronnerie de l'époque de la **Régence**.~~

188 — Potence à tête de coq, **Renaissance.**

189 — Potence à tête de chien, **gothique.**

~~190 — Potence à tête de chien, **gothique.**~~

191 — Potence à tête de chien, **gothique.**

192 — Potence à équerre, **gothique.**

193 — Potence à lyre, **gothique.**

194 — Potence disposée pour le gaz, **Renaissance.**

195 — Potence disposée pour le gaz, **Renaissance.**

196 — Potence **Renaissance.**

197 — Potence **Renaissance.**

198 — Potence **Renaissance.**

199 — Potence **Renaissance.**

200 — Potence **Renaissance.**

201 — Potence **Renaissance.**

FLAMBEAUX

202 — Deux Flambeaux de style **Renaissance,** à chardons, deux lampes électriques.

203 — Flambeau à 2 lumières, feuilles et fleurs de pavot, **modern style.**

204 — Flambeau à 2 lumières, de style **gothique,** à plateau.

205 — Deux Flambeaux à plateau, **gothique.**

206 — Deux Flambeaux à plateau, à 2 lumières, **gothique.**

207 — Deux Flambeaux trépied à feuilles, **Renaissance.**

208 — Deux Flambeaux trépied à feuilles, **Renaissance.**

209 — Deux Flambeaux de style **gothique**, à trépied.

210 — Deux Flambeaux de style **gothique,** à trépied.

211 — Deux Flambeaux de style **gothique,** à crémaillère.

212 — Deux Flambeaux à spirale, **modèle Hollandais.**

213 — Deux Flambeaux à plateau trilobé, **gothique.**

214 — Deux Flambeaux à plateau trilobé, **gothique.**

215 — Deux Flambeaux à balustre et plateau, **Renaissance.**

216 — Deux Flambeaux à balustre et plateau, **Renaissance.**

217 — Deux Flambeaux à cannelures, **Renaissance.**

218 — Un Flambeau à cannelures, **Renaissance.**

219 — Un Flambeau à roses, **modern style.**

220 — Deux Flambeaux trépied à feuilles, **Renaissance.**

221 — Deux Flambeaux à 2 bougies, électricité, feuilles et fleurs de chardon, **gothique.**

222 — Un Flambeau de style **gothique,** à balustre.

223 — Un Flambeau à 2 lumières à pivot pour piano, **gothique.**

224 — Deux Flambeaux à **plateau,** 2 lumières à ressort.
Musée de Cluny.

225 — Deux Flambeaux à **ressort.**
Musée de Cluny.

226 — Deux Flambeaux à plateau cœur, **gothique.**

227 — Deux Flambeaux porte-montre, **Renaissance.**

228 — Deux Flambeaux à cannelures, **Renaissance.**

229 — Un Flambeau à cannelures, **Renaissance.**

LAMPES

230 — Lampe de bureau de style **Renaissance**, abat-jour soie.

231 — Lampe de style **Renaissance**, **décors** riches.

232 — Lampe de bureau à l'électricité, de style **gothique** fleuri, abat-jour soie.

233 — Lampe de bureau à l'électricité de style **gothique** fleuri, abat-jour soie.

234 — Lampe de style **Renaissance** en forme de boule, colonne torse.

235 — Lampe de bureau à l'électricité, pied à six pans, **abat-jour** soie.

236 — Lampe de bureau à l'électricité avec **abat-jour** soie.

237 — Lampe de bureau, quatre pieds à volute, **Renaissance**.

238 — Lampe de bureau, quatre pieds à volute, **Renaissance**.

239 — Lampe de bureau, quatre pieds à volute, **Renaissance**.

240 — Lampe de style **gothique** à l'électricité.

241 — Lampe, anse à Chimère, **gothique**.

242 — Lampe, anse à Chimère, **gothique**.

243 — Lampe, récipient en cristal, **gothique**.

244 — Lampe à pied, **gothique**.
Lampe à pied.

245 — Lampe à colonne, **gothique**.

246 — Lampe de style **Moyen Age** à quatre cariatides.

247 — Lampe de style **Moyen Age** à quatre balustres.

248 — Lampe de bureau, pied à six pans, **abat-jour** soie.

249 — Lampe à pétrole de style **Renaissance** à torsades.

250 — Lampe de bureau à l'électricité, de style **gothique** à feuilles de chardon, abat-jour soie.

TORCHÈRES

251 — Grande Torchère de style **Renaissance**, bouquet de 17 lampes électriques.
Pièce d'exposition.

252 — Grande Torchère de style **Renaissance**, bouquet à 3 lampes et 9 bougies au gaz.

Pièce d'exposition.

253 — Torchère de parquet, pied à griffes **gothique**.

254 — Torchère de style **gothique**, pied à griffe.

255 — Torchère de style **Renaissance** à trépied, pour le pétrole.

256 — Torchère de style **Renaissance** à trépied, pour le pétrole.

257 — Torchère bronze et fer, colonne torse, **gothique**.

258 — Torchère à colonne torse, **gothique**.

259 — Torchère à colonne torse, **gothique**.

260 — Torchère trois pieds, fer rond, au pétrole, **Renaissance**.

261 — Torchère, pied à rinceaux, **Renaissance**.

262 — Torchère de style **gothique**, quatre pieds.

CHENETS

263 — Une paire de grands Chenets de style **Louis XIV**, en fer forgé et parties en bronze ciselé et doré au mercure.

Pièces d'exposition 1900.

264 — Une paire de grands Chenets **à Chimères**, et brûle-parfums.

Pièce d'exposition 1889.

265 — Une paire de grands Chenets, d'après les **originaux** du Château d'Amboise.

266 — Une paire de Chenets Tudor, fer et bronze. Modèle style **anglais.**

267 — Une paire de Chenets de style **Renaissance,** à grandes feuilles et brûle-parfums.

268 — Une paire de Chenets à Têtes de Chiens, **gothique.**

269 — Une paire de Chenets de style **Louis XIV**, boules à côtes.

270 — Une paire de Landiers à réchaud, de style **gothique.**

271 — Une paire de Chenets à fleurons, d'après les **originaux** du Château d'Amboise.

272 — Une paire de Chenets à réchauds, de style **gothique.**

273 — Une paire de Landiers à réchauds, réduction des **originaux** du Château de Coucy.

274 — Une paire de Chenets à Dauphin, d'après les **originaux** du Château d'Anet.

275 — Une paire de Chenets à volutes et à barre, **Renaissance.**

276 — Une paire de Chenets de style **Renaissance,** à volutes.

277 — Une paire de Chenets **Moyen Age.**

Fonte à l'ancienne.

278 — Une paire de Chenets à reliquaires, **gothique,** rois de France.

279 — Une paire de Chenets, à boules et feuillages, **Renaissance.**

280 — Une paire de Chenets, d'après les **originaux** du Château de Pierrefonds.

281 — Une paire de Chenets, d'après les **originaux** du Château de Pierrefonds.

282 — Une paire de Chenets, d'après les **originaux** du Château de Pierrefonds.

283 — Une paire de Chenets de style **Renaissance**, à fleurs de lys, fer repoussé.

284 — Une paire de Chenets à deux volutes et boules, **Renaissance.**

285 — Une paire de Chenets, à boules cannelées, **Renaissance.**

286 — Une paire de Chenets à boule de fer, **gothique.**
Fonte à l'ancienne.

287 — Une paire de grands Chenets à écusson, d'après les **originaux** du Château de Pierrefonds.

288 — Une paire de Chenets, d'après les **originaux** du Château de Pierrefonds.

289 — Une paire de Chenets à écusson, d'après les **originaux** du Château de Pierrefonds.

290 — Une paire de Chenets, fleurons à fleurs de lys, d'après les originaux du Château d'Amboise.

291 — Une Paire de Chenets à fleurons, à écusson, d'après les **originaux** du Château d'Amboise.

292 — Une Paire de Chenets, Têtes de Chiens, **gothique.**

293 — Une Paire de Chenets, de style **Renaissance.**

294 — Une Paire de Landiers, à réchauds, d'après les **originaux** du Château d'Amboise.

295 — Une Paire de Landiers, d'après les **originaux** du Château d'Amboise.

296 — Une Paire de Chenets, à réchauds, **gothique.**

297 — Une Paire de Chenets, de style **Renaissance,** à draperies.

298 — Une Paire de Chenets, de style **Renaissance,** à draperies.

299 — Une Paire de Chenets, de style **gothique,** à fleurs de lys.

300 — Une Paire de Chenets à boules et feuilles, **Renaissance.**

301 — Une Paire de Chenets à personnages, Rois de France, **gothique.**

302 — Une Paire de Chenets, de style **gothique,** d'après les originaux du Château de Pierrefonds.

303 — Une Paire de Chenets, de style **gothique,** d'après les originaux du Château de Pierrefonds.

304 — Une Paire de Chenets, d'après les **originaux** de Pierrefonds.

305 — Une Paire de Chenets à fleurs de lys, **gothique.**

306 — Une Paire de Chenets à fleurs de lys, fer et cuivre, **gothique.**

307 — Une Paire de Chenets, de style **gothique,** à pilastres, Château de Pierrefonds.

308 — Une Paire de Chenets, à boules gravées et à barre, d'après les **originaux** du Musée de Cluny.

309 — Une Paire de Chenets de style **Louis XIV,** à boules.

310 — Une Paire de Chenets gravés, **genre** oriental.

311 — Une Paire de Chenets bretons, **fonte** à l'ancienne.

312 — Une Paire de Chenets, à fleurs de lys, **gothique.**

313 — Une Paire de Chenets, à colonne carrée, **gothique.**

314 — Une Paire de Chenets, de style **gothique**, fer gravé.

315 — Trois Paires de Chenets.

Divers modèles.

PELLES ET PINCETTES

316 — Une paire de Pelle et Pincettes à **pommeaux gothiques.**

D'après le modèle du Château de Coucy.

317 — Une paire de Pelle et Pincettes à fleurs d'Iris, **modern style.**

318 — Une paire de Pelle et Pincettes Tudor, fer et bronze, style **Anglais.**

319 — Une paire de Pelle et Pincettes, **avec tisonnier** et balais, avec leur porte-pelle et **pincettes, garniture cinq pièces.**

320 — Une paire de Pelle et Pincettes **à têtes de chiens, gothique.**

321 — Une paire de Grandes Pelle et Pincettes, d'après le **Modèle** du Château d'Amboise.

322 — Une paire de Pelle et Pincettes de style **gothique.**

323 — Un Porte-Pelle et Pincettes, pommeaux avec **torsade à jours,** allant avec le tisonnier, balai et pelle et pincettes.

324 — Une paire de Pelle et Pincettes d'après **le modèle** du Château de Marlborough, style **Anglais.**

325 — Une paire de Pelle et Pincettes à fleurs de lys, avec tisonnier, **gothique.**

326 — Une paire de Pelle et Pincettes à fleurs de lys, avec tisonnier, **gothique.**

327 — Une paire de Pelle et Pincettes poignée à fleur de lys, **gothique.**

328 — Une paire de Pelle et Pincettes à poignée **fleur de lys.**

329 — Une paire de Pelle et Pincettes à petits pommeaux, **gothique,** avec tisonnier.

330 — Une paire de Pelle et Pincettes à petits pommeaux, **gothique,** avec tisonnier.

331 — Une paire de Pelle et Pincettes poignées unies simples, **gothique.**

332 — Une paire de Pelle et Pincettes avec tisonnier, **Renaissance.**

Copie du Musée de Cluny.

333 — Une paire de Pelle et Pincettes avec tisonnier, **Renaissance.**

Copie du Musée de Cluny.

334 — Une paire de Pelle et Pincettes avec tisonnier, boutons à tête de roi de France, **gothique.**

Musée de Cluny.

335 — Une paire de Pelle et Pincettes, d'après le **Modèle** du Château de Pierrefonds.

336 — Un Porte-Pelle et Pincettes, **Renaissance.**

337 — Un Porte-Pelle et Pincettes, **Renaissance.**

338 — Une paire Pelle et Pincettes, balustres à torsade, avec tisonnier, **Renaissance.**

339 — Une paire de Pelle et Pincettes à tête de chien, **gothique.**

340 — Une paire de Pelle et Pincettes à tête de chien, **gothique.**

341 — Une paire de Pelle et Pincettes à têtes de chiens, **gothique.**

342 — Une paire de Pelle et Pincettes à têtes de chiens, **gothique.**

343 — Une paire de Pelle et Pincettes à têtes de chiens, **gothique.**

344
Un Porte-Pelle et Pincettes à pommeau, **Renaissance.**

Une Paire de Pelle et Pincettes torses, têtes à quatre faces, **Renaissance.**

345 — Une paire de Pelle et Pincettes, bouton à fleur de lys, **Renaissance.**

345 *a)* — Une paire de Pelle et Pincettes torses, **Renaissance.**

345 *b)* — Une paire de Pelle et Pincettes torses, **Renaissance.**

345 *c)* — Deux paires de Pelle et Pincettes de style **Louis XIV,** torses.

345 *d)* — Une paire de Pelle et Pincettes de style **Louis XIV,** unies.

345 *e)* — Un Lot de Tisonniers et de Pique-feu de **différents modèles.**

Sera divisé.

345 *f)* — Deux Pelles **gothiques.**

Petit modèle.

GRILLES DEVANT DE FEU, PORTE-ÉCRANS

346 — Grille devant de feu, ferronnerie ancienne, **Renaissance.**

347 — Grille devant de foyer, panneau de rampe du Palais de Trianon, fer poli et cuivre doré mercure.

Pièce d'exposition.

348 — Grille devant de feu, fer repoussé, **modern style.**

349 — Grille devant de feu, de style **moderne.**

350 — Grille, d'après l'original du Musée de Cluny, **Renaissance.**

Panneau d'un mètre.

351 — Grille devant de feu à C, **Renaissance.**

Copie de Cluny.

352 — Petite grille **anglaise.**

Copie d'une vieille cheminée anglaise.

353 — Grille devant de feu, de style **Renaissance.**

Balcon du Vieux-Paris.

354 — Grille devant de feu, de style **Renaissance.**

Balcon du Vieux-Paris.

355 — Porte-Écran **Renaissance,** pied plein, à 4 Têtes de Jeanne d'Arc, support à tête d'aigle.

356 — Porte-Écran, à Têtes d'Aigles, fer forgé et cuivre. **Renaissance.**

357 — Porte-Écran, à Tête de Chien, **gothique.**

358 — Garde-Cendres, à volutes, **gothique.**

~~359 — Garde-Cendres à volutes, **gothique**~~

PENDULES, SUPPORTS

360 — Grande Pendule, de style **Renaissance,** à dôme, panneaux fer repoussé et ciselure fine.

Pièce d'exposition.

361 — Grande Pendule, de style **cathédrale gothique,** découpage à jours, sur fond vieux cuir rouge, 4 pieds Chimères, colonnes à clochetons.

362 — Pendule, **bois et fer,** ornée de 5 statuettes.

Reproduction de la pendule du cabinet de Créqui. (Musée de Cluny.)

363 — Pendule de style **gothique,** bois et fer, mouvement spécial, sonnerie à quarts genre carillon.

364 — Pendule de style **Renaissance,** à 4 colonnes à balustres.

365 — Support, de style **gothique.**

366 — Support à consoles, de style **gothique.**

367 — Support à consoles, de style **Louis XIV,** à mascaron.

368 — Support, **gothique,** à créneaux.

369 — Support, de style **Louis XIV,** à consoles.

370 — Support, de style **gothique.**

371 — Support, de style **gothique.**

372 — Socle carré, **gothique.**

373 — Console, à **branche de roses.**

374 — Deux supports de rideaux, **gothique.**

CANDÉLABRES

375 — Deux Candélabres de style **gothique,** à 4 lumières.

Cathédrale de Bruges.

376 — Deux Candélabres à volutes, de style **Renaissance,** à 5 lumières.

377 — Deux Candélabres à volutes, de style **Renaissance,** à 5 lumières.

378 — Deux Candélabres à volutes, de style **Renaissance**, à 3 lumières.

379 — Deux Candélabres à volutes, de style **Renaissance,** à 3 lumières.

380 — Deux Candélabres de style **gothique**, à 5 lumières, pieds à têtes de chiens.

381 — Deux Candélabres de style **gothique**, à figures de page, 2 lumières fer et bronze.

382 — Deux Candélabres de style **Renaissance italienne**, à 5 lumières.

383 — Deux Candélabres de style **Renaissance italienne**, à 3 lumières.

384 — Deux Candélabres de style **gothique,** à 2 lumières, pieds à 6 pans.

385 — Deux Candélabres, **gothique,** à 3 lumières électriques.

386 — Deux Candélabres, **Renaissance,** à volutes, à 3 bougies.

105 387 — Deux Candélabres de style **gothique**, à 5 lumières, pieds à pans.

388 — Deux Candélabres de style **gothique**, à 5 lumières, pieds à jours.

389 — Deux Candélabres à 5 lumières, de style **Renaissance.**

390 — Deux Candélabres de style **Renaissance italienne**, à 3 lumières.

391 — Deux Candélabres de style **Renaissance italienne**, à 5 lumières.

ENCRIERS, MIROIRS, VEILLEUSES, ETC.

393 — Encrier de style **gothique**, bois et fer, à deux godets.

394 — Encrier de style **gothique** en bois et fer, un godet.

395 — Encrier de style **gothique** en bois et fer, un godet.

396 — Jardinière **gothique** sur quatre pieds à griffes et volutes, vasque en cuivre.

397 — Jardinière pour cheminée, de style **gothique.**

398 — Miroir de style **Renaissance,** à mascaron fer repoussé.

399 — Grande Glace de style **gothique**, cadre bois et fer, fond cuir.

400 — Miroir fer, relevé au marteau avec décors de figures **Renaissance**.

401 — Miroir avec attache, **Renaissance**.

402 — Miroir formant psyché, sur trépied, **Renaissance**.

403 — Miroirs, cadre à C et volutes, **Renaissance italienne**.

404 — Petit Cadre fer repoussé et ciselé à figures, parties damasquinées or, pièce ancienne de l'époque de la **Renaissance**.

405 — Cadre de forme ovale avec **branche de roses**.

406 — Cadre de forme ovale avec **branche de roses**.

407 — Cadre de style **Renaissance**, fer repoussé avec ajours sur fond de velours.

408 — Cadre de style **gothique**, décors à jours.

409 — Cadre de style **gothique** en fer repoussé avec ajours.

410 — Cadre pour **Vitrine murale**.

411 — Cadre fer **mouluré**, relevé au marteau, pour miroir ou autre.

Travail de grande difficulté.

412 — Veilleuse à main de style **gothique**, à toit.

413 — Veilleuse à main de style **gothique**, anse à chimère et toit.

414 — Veilleuse à chaîne, à toit, de style **gothique**.

415 — Veilleuse à chaîne, de style **gothique**, à toit.

416 — Veilleuse à chaîne, de style **gothique**, à toit.

417 — Veilleuse à main, anse à chimère, **gothique**.

418 — Veilleuse à main, anse à chimère, **gothique**.

419 — Veilleuse à main, anse à chimère, **gothique**.

420 — Veilleuse à main, anse à chimère, **gothique**.

421 — Veilleuse à main, anse à chimère, **gothique**.

422 — Veilleuse à main, anse à chimère, **gothique**.

423 — Veilleuse à main, de style **gothique**.

424 — Veilleuse carrée à chaînes, à têtes de chien et toit, **gothique**.

425 — Veilleuse suspendue avec sa potence, enroulement **Renaissance**.

426 — Porte-Bouquet majolique et **fleurs**.

427 — Porte-Bouquet majolique et **fleurs**.

Travail spécial.

428 — Porte-Bouquet à pied **ondulé**.

429 — Porte-Bouquet feuille et **fleur**.

430 — Porte-Bouquet trépied à **roseaux**.

431 — Grand Quatre-Pieds fer **Louis XIV**, avec parties dorées et vasque en fer repoussé au marteau.

432 — Trépied à rinceaux et surettes, avec vasque en cuivre à godrons, **Renaissance italienne.**

433 — Trépied fer rond à réchaud, **Renaissance**.

434 — Petit Trépied, porte-vase genre Pompéi, **gothique**, avec vase genre grès flammé.

PORTE-MANTEAUX, CLOCHETTES

435 — Un Porte-Parapluies, à deux cases, **Renaissance.**

436 — Un Porte-Parapluies, à trois cases, **Renaissance.**

437 — Trois Porte-Embrasse, **gothiques.**

438 — Un Porte-Manteaux, **ferronnerie italienne.**

439 — Un Porte-Parapluies à trois travées, **Renaissance.**

440 — Deux Porte-Manteaux à trois Têtes de Chiens, **gothique.**

441 — Deux Porte-Manteaux à deux Têtes de Chiens, **gothique.**

442 — Quatre Porte-Manteaux à mascaron, du Château d'Écouen, **Renaissance.**

443 — Six Porte-Embrasse à feuilles **gothiques.**

444 — Quatre Porte-Manteaux **gothiques.**

445 — Sept Porte-Manteaux **Renaissance.**

446 — Trois Porte-Manteaux **Château d'Anet.**

447 — Trois Porte-Manteaux à jours, **Renaissance.**

448 — Six Porte-Manteaux, Tête de Chien, **Renaissance.**

449 — Six Porte-Manteaux, Tête de Chien, **Renaissance.**

450 — Deux Porte-Embrasse sur écusson **gothique.**

451 — Quatre Porte-Embrasse à volute **gothique.**

452 — Trois Porte-Manteaux **gothiques.**

453 — Une Clochette **à tige de rose.**

454 — Une Clochette à feuilles, **Renaissance.**

455 — Une Clochette à feuilles, **Renaissance.**

OBJETS ANCIENS ET DIVERS

456 — Grande Armure dans le style du **XVe siècle,** avec épée, fer gravé, montée sur socle chêne, avec hallebarde, éclairage électrique.

457 — Une Grande Plaque de Fond d'âtre, portant une **salamandre.**

Reproduction d'un modèle ancien.

458 — Un Lutrin pliant, reproduction d'un modèle ancien, **XVIe siècle.**

459 — Armure en réduction bourguignotte, avec hallebarde, électricité.

460 — Guichet de Chemin de ronde, **menuiserie** en chêne avec ferrures et fermetures en **fer forgé.**

Château de Blois.

461 — Une Palme et Branche de Chêne entrecroisées **fer doré.**

462 — Une Grande Vitrine de style **gothique,** porte à glissière, sur pied à quatre griffes, soubassement à glace, pour objets.

463 — Un Lustre et Rampant de rampe en fer forgé, avec décor de feuilles de chêne, de style **Louis XVI,** main courante cuivre.

464 — Panneau de Balcon avec motif central, à bouquet de fleurs, parties **bronze** doré.

Château de Trianon.

465 — Départ de Rampe **Louis XVI,** modèle Petit Trianon, fer repoussé, avec torchère à bouquet de 5 lampes électriques, décors roseaux, parties bronze doré, main-courante bronze doré.

Pièce d'Exposition.

466 Grande Cheminée en bois de chêne, de l'époque de la **Renaissance,** avec bandeau et anneaux en fer forgé.

Grande Plaque de Fond d'âtre.

467 — Thermomètre à crosse, pour fenêtre, **Renaissance.**

468 — Presse-Papier, **Chien.**

469 — Coffret bois et fer, **Renaissance.**

470 — Porte-Allumettes de style **gothique.**

471 — Porte-Allumettes de style **gothique.**

472 — Cendrier, coupe **lobée, à bouton.**

473 — Neuf Guirlandes de Roses, parties dorées, pour décoration de **frise** sous corniche.

474 — Bouquet de Branches de Roses **forgé.**

Pièce de Musée.

475 — Quatre Branches de Roses, brutes de **forge.**

476 — Trois Plaques de **propreté.**

477 — Crémaillère de Cheminée, **gothique.**

478 — Crémaillère de Cheminée, **gothique.**

479 — Chaudron en **cuivre** martelé.

480 — Chaudron en **cuivre** martelé.

481 — Chaudron en **cuivre** martelé.

482 — Chaudron en **cuivre** martelé.

483 — Barre à Rideaux décorée de deux fleurs de lys, avec garniture d'anneaux, **gothique.**

484 — Grande Feuille d'Acanthe, fer relevé au **marteau,** pour collection.

485 — Petite Feuille d'Acanthe, fer relevé au **marteau,** pour collection.

486 — Iris, fer repoussé au **marteau,** pour collection.

487 — Dix-sept Ébauches diverses, Animaux et Personnages, Garde de Sabre, etc., pour **collection.**

Seront divisées.

488 — Un Lot de Cinquante Sives **bobèches.**

Seront divisées.

489 — Une Grande Plaque de Fond d'âtre, **Hercule filant aux pieds d'Omphale.**

Deux Petits Côtés d'âtre, **Fables de La Fontaine.**

Fontes anciennes.

490 — Trois Vitrines, **fer** et **glace.**

491 — Trente-huit Plaques de Fond d'âtre, en partie **anciennes.**

Seront divisées.

492 — Cinquante Maillons **divers.**
Seront divisés.

493 Une Grande Plaque de Fond d'âtre, aux **Armes de Lorraine.**
Deux Petits Côtés à gorges, **Vase de Fleurs.**

PIÈCES DE SERRURERIE

493 — Grille Barbacane double ogive, de style **gothique.**

494 — Heurtoir à Tête de Chien, **gothique.**

495 — Béquille double à Chimère, de style **gothique.**

496 — Béquille double, de style **gothique,** à rosace.

497 — Un Bouton pour sonnerie de table, **Renaissance.**

498 — Six Fiches à gond, **Renaissance.**

499 — Quatre Tentures, un tirage de Sonnette.

500 — Cinq Têtes de Clef, **fer ciselé.**

501 — Sous ce numéro et les suivants, les Objets non portés au présent Catalogue.

www.ingramcontent.com/pod-product-compliance
Ingram Content Group UK Ltd.
Pitfield, Milton Keynes, MK11 3LW, UK
UKHW021952260726
13994UKWH00004B/1707

9 782329 486857